Pour Lola, Sara et Thomas

Loi numéro 49 956 du 16 juillet 1949 sur les publications
destinées à la jeunesse : mai 2013
Dépôt légal : mai 2013
Imprimé en France par Loire Offset Titoulet à Saint-Étienne
ISBN 978-2-211-21402-5

Myrha Verbizh

Gina Sabayon
détective

l'école des loisirs
11, rue de Sèvres, Paris 6e

Comme tous les matins à huit heures,
Gina Sabayon boit son thé aux fleurs.
On est dimanche, et la journée s'annonce calme.
Soudain, elle entend frapper très fort à sa porte.
« Boum, boum, boum ! »
«Ah non ! pas déjà ! » s'écrie Gina.

Prudemment, elle ouvre la porte.
Ce n’est que son vieil ami Max.

« Bonjour, Gina, il m’arrive une catastrophe !
Le collier en or de ma maîtresse a été volé,
cette nuit, dans la chambre,
pendant que je dormais.
Et je n’ai rien vu, rien entendu, rien senti ! »
Max a les yeux tout humides.
« Si je ne suis pas capable de garder
la maison, ma maîtresse va me remplacer
par un autre chien, c’est sûr ! »

GINA
SABAYON

« Mais non ! » dit Gina d'une voix rassurante.
« Nous allons tout de suite faire un tour sur les lieux
et, aussi vrai que je m'appelle Gina Sabayon,
nous retrouverons ce collier !
Juste le temps de préparer mes affaires, et on y va. »

L'ART DE LA FILATURE
POISONS D'AMAZONIE
L'HYPNOSE
BOTTIN Mondain A-F
BOTTIN Mondain G-M
BOTTIN Mondain N-S
BOTTIN Mondain T-Z
Déguisements
ZZZ
Boules puantes
Clés
Micros

Dans la maison de Max, sa maîtresse est plongée dans le plus grand désespoir. La cuisinière et le majordome fouillent chaque pièce de fond en comble.

Personne ne fait attention à Max et Gina, qui montent discrètement l'escalier.

Arrivé dans la chambre, Max raconte : « Hier soir, la porte et la fenêtre étaient fermées, j'en suis sûr. Si quelqu'un était entré, j'aurais dû l'entendre ! La porte grince et la fenêtre couine ! »

Gina inspecte le coffret à bijoux sur la cheminée.
« Seul le collier en or a disparu ? »
Max acquiesce.
Gina farfouille dans son sac, en sort sa loupe pliante et parcourt la pièce le nez au sol.

« Enfin, voilà un indice ! »
Juste à côté du coffret à bijoux, Gina a trouvé un bout de plume tout blanc.
« Eh bien ? C'est une bête plume ! » dit Max, un peu découragé.
« Ceci, monsieur, appartient au duvet d'une pie,
et je ne connais qu'une seule pie capable de voler des bijoux sans se faire remarquer : c'est Pivoine ! »

« Et Pivoine a une associée : Pistrelle, la chauve-souris.
Elles s'y prennent toujours de la même façon.
Pistrelle, qui est plus petite, entre par la cheminée,
endort le chien quand il y en a un,
et ouvre la fenêtre à Pivoine. »

« C'est pour ça que je n'ai pas réagi ? »
dit Max. « Mais comment la chauve-souris
m'a-t-elle endormi ? »
« En mettant un somnifère dans ton dîner,
mon pauvre Max », répond Gina.

Soudain Gina fait signe à Max de se taire.
Elle sort son miroir pour scruter le conduit de cheminée.
Pistrelle est encore là !
Elle chuchote : « Cela veut dire que Pivoine
va venir voler d'autres bijoux…
Elles vont recommencer ce soir, c'est certain !
J'irai sur le lustre. »

Max et Gina attendent en silence,
pendant que le jour tombe.
Max se tortille.
Il a des fourmis dans les pattes.

Mais soudain, un petit sifflement
se fait entendre derrière la vitre.
C'est le signal de la pie.

Aussitôt Pistrelle, la complice, vient ouvrir la fenêtre.
« Tout va bien ? » demande Pivoine.
« Oui, aucun problème, le chien n'est pas là aujourd'hui »,
répond Pistrelle.
« Tiens, tes macarons », dit la pie,
qui vole aussitôt en direction du coffret à bijoux.
« Max, tiens-toi prêt », souffle Gina.

«Vas-y, Max !» crie Gina.

Max bondit sur Pivoine. Pistrelle aperçoit Gina et lui fonce dessus !
Gina lance toute sa réserve de boules puantes,
mais ça n'a pas l'air de déranger la chauve-souris.

Vite, Gina va se réfugier sur le lustre.
Pistrelle tourne autour d'elle comme une furie.

Gina sort de son sac son petit couteau pliant
et coupe la corde qui retient la suspension,
juste au moment où Pistrelle passe dessous.

Alertée par le bruit, la maîtresse de Max entre dans la chambre. En voyant la pie avec le bracelet dans le bec, elle comprend tout de suite que Max vient d'attraper la voleuse.
« Bravo, Max !
Viens ici que je te félicite. »

Gina en profite pour se sauver par la fenêtre.
« J'ai bien mérité une tasse de thé aux fleurs », se dit-elle.

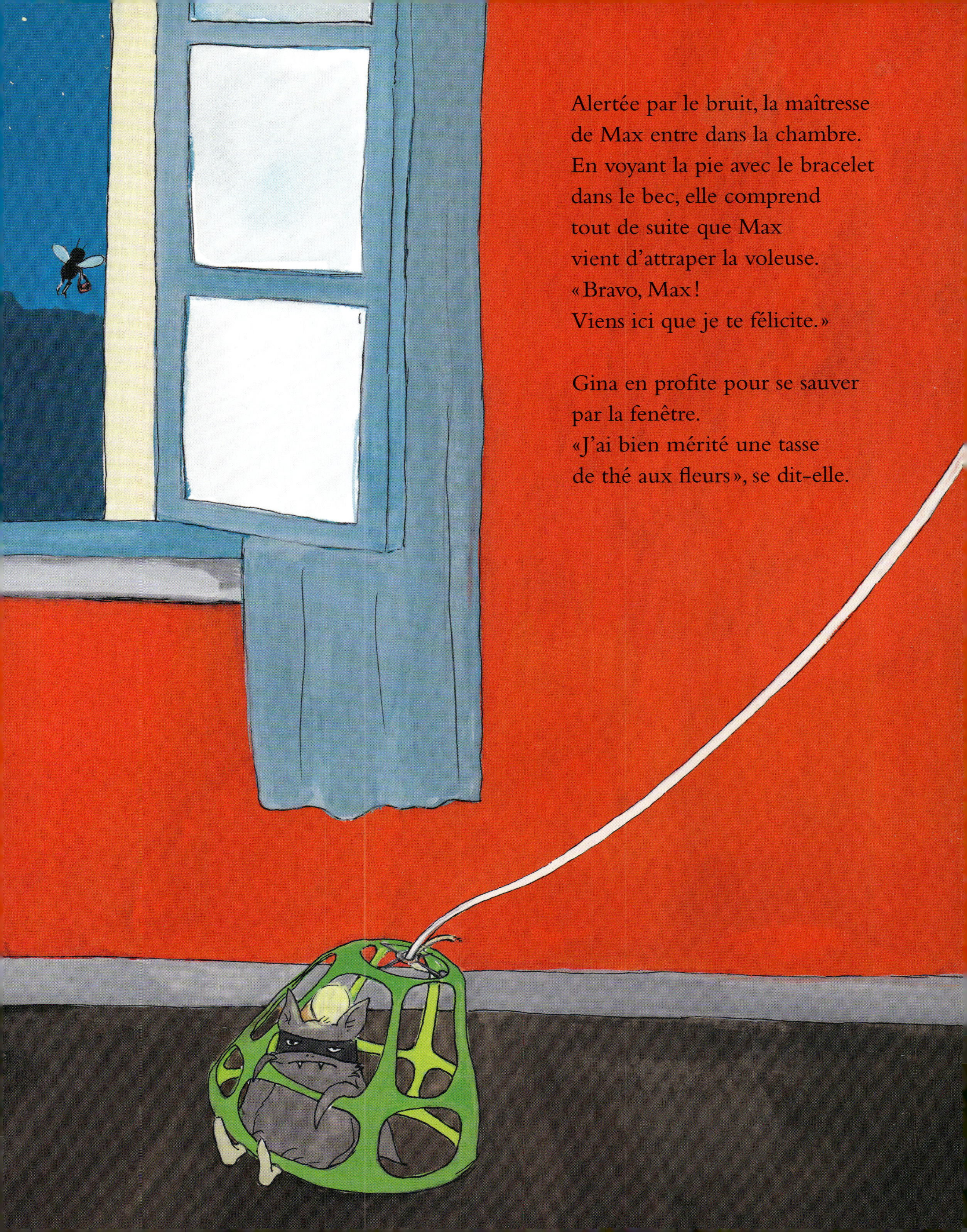

Le lendemain, Max vient prendre le goûter chez Gina.
Ils s'installent tous deux sur la terrasse.
Max raconte : « Les policiers ont inspecté tous les arbres du quartier !
Ils ont fini par trouver le nid de la voleuse et le collier en or !
Et moi, j'ai eu le meilleur os à moelle du boucher !
Merci pour tout, Gina. »
« Il n'y a pas de quoi, c'est mon métier », dit modestement Gina.